Die Statt Freÿburg
Im Breÿsgaw.
Threisem flus

Rothaus
LBS
Konradsblatt
Heute

Hubert Matt-Willmatt

WUNDERSCHÖNES
FREIBURG
IM BREISGAU

»Z'Friburg in der Stadt
Sufer isch's und glatt«

Johann Peter Hebel, »Der Schwarzwälder im Breisgau«

BRUCKMANN

Blick vom Schlossberg

View from Schlossberg

Vue panoramique du Schlossberg

◀ Auf dem Schlossberg stand das »Castrum de Friburch«, das die Zähringer im 11. Jahrhundert errichteten. Von der Terrasse des Greiffenegg-Schlössles aus liegt dem Betrachter die gesamte Altstadt mit dem Schwabentor und dem Münster direkt zu Füßen. Über den Rhein hinweg ist am Horizont die blaue Linie der Vogesen zu erkennen.

Schlossberg was once the site of "Castrum de Friburch," founded by the Zähringen dynasty in the 11th century. From the terrace of Greiffenegg-Schlössle, a panorama over the entire old quarter with Schwabentor gate and Minster unfolds at the feet of the observer. The blue ridges of the Vosges Mountains can be seen on the horizon beyond the River Rhine.

Le « Castrum de Friburch » que les Zähringen construisirent au 11e siècle, s'élevait sur les hauteurs du Schlossberg. De la terrasse du petit château de Greiffenegg, le spectateur jouit d'une vue d'ensemble sur toute la vieille ville, entre autres sur la Porte de Souabe et la cathédrale. On peut même reconnaître à l'horizon la ligne bleue des Vosges d'outre-rhin.

◀◀ Auf dem Freiburger Münstermarkt findet der Wochenmarkt statt.
The Freiburg Münstermarkt hosts the town market.
Le marché hebdomadaire a lieu sur la place de la cathédrale de Fribourg !

Inhalt

◁ **Vom Stadtgarten** führt seit 1970 der Karlssteg direkt auf die Altstadt und das Münster zu.
Since 1970 the Karlssteg bridge has linhed the Stadtgarten (city park) with the old town and the Minster.
Depuis 1970, la passerelle de Charles (le Karlsteg) relie directement les jardins fleuris municipaux à la vieille ville et à la cathédrale.

Lebendige grüne Stadt

Vibrant Green City / Une ville verte dynamique

Freiburg ist eine Stadtgründung der Zähringer, die 1120 erfolgte. Erkennbar ist das am gekreuzten Verlauf der Straßenachsen, wie sie auch andere Zähringergründungen aufweisen. Auf dem Schlossberg hatten sie sich angesiedelt, und von dort hat man immer noch den schönsten Blick über die Stadt. Der Silberbergbau in den umliegenden Bergwerken des Schwarzwalds machte Freiburgs Bürger reich, sodass sie beschlossen, zu Ehren Gottes ein Münster zu erbauen. Fast 300 Jahre dauerte es, bis das Wahrzeichen der Stadt fertiggestellt war und als ein besonderes Juwel der Gotik angesehen wird. 1368 kommt Freiburg in den Herrschaftsbereich der Habsburger – für vier Jahrhunderte wird die Stadt vorderösterreichisch. Das hinterlassene Erbe ist nicht nur an den rot-weiß-roten Wappen und dem Doppeladler an Gebäuden festzumachen, sondern findet sich auch als kulinarische Spezialitäten auf den Tellern der heimischen Gastronomie. 1770 kam Marie-Antoinette, die spätere französische Königin, auf ihrem Brautzug von Wien nach Paris durch Freiburg. Man bereitete ihr und der stattlichen Begleitung von 250 Personen damals einen triumphalen Empfang. Auch heute empfängt Freiburg seine Besucher mit offenen Armen. Das hat neben den touristischen Attraktionen vor allem mit der Universität

Freiburg was founded by the dukes of Zähringen in 1120 and features the striking cross-shaped street layout characteristic of others of the Zähringens' settlements. The founders first occu pied Schlossberg hill, which still affords the finest panoramic view of the city today. Since silver mining in the surrounding mines in the Black Forest was the basis of Freiburg's prosperity, its citizens decided to erect a minster to the glory of God. Almost 300 years would pass before this landmark of the city, acclaimed as a particular masterpiece of Gothic architecture, was completed. In 1368 Freiburg fell under Hapsburg rule, and for four centuries the city was part of Further Austria, an ancient heritage in evidence not only in the red-and-white coat of arms and double eagle on Freiburg's historical buildings, but also in the culinary specialities served up by the local cuisine. Marie Antoinette, the future Queen of France, traveled through Freiburg in 1770 on her bridal journey from Vienna to Paris; she and her court retinue of 250 people were given a triumphant reception by the people of the city. Today, Freiburg still welcomes its visitors with open arms. This, in addition to its attraction for tourists, may primarily be attributed to the uni versity, founded in 1460 and one of Germany's "Excellence Universities," with its institutions

Fribourg est une ville fondée par les ducs de Zähringen aux alentours de 1120. On le remarque au tracé croisé des axes routiers, caractéristique d'autres villes fondées par la Maison des Zähringen. Ils s'étaient établis sur la hauteur du Schlossberg, où on jouit aujourd'hui encore d'une vue panoramique imprenable sur la ville. L'exploitation minière d'argent dans les mines environnantes de la Forêt-Noire a enrichi les Fribourgeois, ils décidèrent alors de construire une cathédrale à la louange de Dieu. Il fallut presque 300 ans pour achever ce qui devint l'emblème de la ville et pour que cette dernière soit considérée comme un joyau exceptionnel de l'art gothique. En 1368, Fribourg passa sous la suzeraineté des Habsbourgs – ainsi la ville fit partie pour quatre siècles de l'Autriche antérieure. L'héritage qu'ils en ont laissé n'est pas seulement visible au blason rouge-blanc-rouge et à l'aigle à deux têtes qui ornent les bâtiments, on le remarque aussi aux spécialités culinaires proposées dans les assiettes

---

▷ **Der Künstlermarkt** lockt alljährlich zahlreiche Besucher in die Obere Altstadt.
The Künstlermarkt draws many visitors into the old town on an annual basis.
Tous les ans le marché des artistes attire de nombreux visiteurs dans la vieille ville haute.

zu tun, die 1460 gegründet wurde und mit ihren Instituten und der Universitätsklinik, die zu den exzellentesten in Deutschland gehört. Von Erasmus von Rotterdam bis zu Max Weber reicht die Reihe berühmter Freiburger Gelehrter. 1806 war es jedoch mit der österreichischen Herrlichkeit vorbei. Durch Napoleons Gnaden entstand das Großherzogtum Baden mit Regierungssitz in Karlsruhe. In Freiburg war man über die evangelische Herrschaft nicht erbaut. Freiburg wurde dann 1827 mit dem Bischofssitz wenigstens teilweise entschädigt. In den Gründerboomjahren nach 1871 profitierte Freiburg durch die Stadtplanung seines engagierten Oberbürgermeisters Otto Winterer. Für die neuen Villenviertel in Herdern und der Wiehre wurde Werbung bei reichen Pensionären in Norddeutschland gemacht. Das Theater, Universitätsneubauten, Schulen und die beiden erhaltenen Stadttore, das Martins- und das Schwabentor, wurden im Stil der Zeit sichtbar aufgestockt. Am 27. November 1944 legten englische Bomber in nur 20 Minuten die gesamte Innenstadt in Schutt und Asche. Als Wunder von Freiburg wurde es bezeichnet, dass das Münster unversehrt erhalten blieb. Nach dem Krieg machte man sich im wahrsten Sinne des Wortes an den Wiederaufbau. Die Gebäude wurden praktisch identisch errichtet, die Freibur-

and clinics. The line of distinguished Freiburg scholars ranges from Erasmus of Rotterdam to Max Weber. 1806 saw the end of the glorious Austrian rule, when the Grand Duchy of Baden was established under Napoleon's reorganization, with Karlsruhe as its seat of government. Freiburg became an episcopal seat in 1827, affording at least partial compensation. In the boom years of industrial growth after 1871, Freiburg benefited from the city planning efforts of its dedicated mayor Otto Winterer, who advertised the new villa districts in Herdern and Wiehre to rich retirees in Northern Germany and visibly expanded the theater, new university premises, schools and the two remaining city gates – Martinstor and Schwabentor – in the prevailing style of the era. On 27 November 1944 British bombers razed the entire city center in twenty minutes: the Minster remained undamaged, a circumstance named "the Miracle of Freiburg." After the war, the people of Freiburg embarked on the process of rebuilding their city – literally, since the buildings were reconstructed almost identically to the originals. Freiburg's city streams or "Bächle" again flowed through the center, and trams again ran smoothly in their tracks. In 1973, Freiburg was one of the first major cities to introduce a hotly contested pedestri-

de la gastronomie locale. Marie-Antoinette, la future reine de France est passée par Fribourg en 1770 lors du voyage de Vienne à Paris la menant à son futur époux – un accueil triomphant lui fut réservé ainsi qu'à son impressionnante suite composée de 250 personnes. Aujourd'hui encore, Fribourg accueille ses visiteurs à bras ouverts. Outre l'attrait touristique de la ville, cet engouement est avant tout lié à l'université. Fondée en 1460, elle compte avec ses instituts et sa clinique universitaire parmi les « plus excellentes » d'Allemagne. La liste des célèbres érudits de Fribourg va d'Erasmus de Rotterdam à Max Weber. La grandeur autrichienne a fini pourtant par s'éteindre en 1806 – le Grand-duché du pays de Bade vit le jour par la grâce de Napoléon avec un siège du gouvernement à Karlsruhe. À Fribourg, on ne se réjouissait pas de cette domination protestante. Fribourg fut dédommagée par la suite en 1827 au moins en partie par l'évêché. Durant les années d'expansion qui suivirent 1871, Fribourg profita de l'urbanisation lancée par Otto Winterer, un maire très engagé. Le théâtre, les nouveaux bâtiments universitaires, les écoles et les deux portes de la ville encore conservées, la Porte Saint-Martin et la Porte de Souabe, furent restaurés de façon visible selon le style de l'époque. Le 27 novembre 1944, des bombardiers anglais réduisirent tout le centre-

ger Bächle rinnen weiter durch die Innenstadt und die Straßenbahn fährt auf ihren Gleisen. Freiburg war eine der ersten Großstädte, in der 1973 eine heiß umkämpfte Fußgängerzone eingeführt wurde, die Freiburgs Entwicklung mit einem vorbildlichen Verkehrskonzept zur Umwelthauptstadt sehr förderte. Der Umweltgedanke wuchs seit 1975 mit dem erfolgreichen Kampf gegen das Atomkraftwerk Wyhl. Das Freiburger Vauban-Viertel ist ein ökologisches Vorzeigeprojekt, mit dem sich die »green city« schmückt. Freiburg hat den höchsten Bevölkerungszuwachs aller Städte in Baden-Württemberg und ist aufgrund des Durchschnittsalters landesweit die jüngste Stadt. Die Lage zum nahen Elsass in Frankreich und zur Schweiz sowie zu den Höhen des Schwarzwalds eröffnet zahlreiche attraktive Ziele und Freizeitmöglichkeiten.

an zone, which, together with an exemplary transportation scheme, proved highly advantageous in its evolution as the environmental capital of Germany. Pro-ecological attitudes gained further momentum from 1975 when protests against the construction of Wyhl nuclear power station were

successful. Freiburg's Vauban district is an ecological showcase project that is the pride of this "green city." Freiburg has the highest population growth, and the youngest average age, of all cities in the state of Baden-Württemberg. Thanks to its proximity to Alsace in France, to Switzerland and to the mountains of the Black Forest, it offers a host of attractive destinations for travelers and leisure opportunities.

ville en cendres en l'espace de 20 minutes – Le fait que la cathédrale soit restée intacte est qualifié de miracle de Fribourg. Après la guerre, on s'est mis à reconstruire la ville au sens propre du terme – les bâtiments ont été en effet reconstruits pratiquement à l'identique. Aujourd'hui, l'eau s'écoule toujours dans les « Bächle », les caniveaux de Fribourg à travers le centre-ville et le tramway roule encore sur ses rails. C'est une des premières grandes villes où une zone piétonnière fut introduite en 1973. Même si elle fit l'objet de véhémentes contestations, elle contribua pourtant pour beaucoup au développement de Fribourg vers un concept de mobilité exemplaire digne d'une capitale environnementale. La prise de conscience environnementale prit de l'ampleur suite au succès des manifestations contre l'implantation de la centrale nucléaire à Whyl en 1975. Le quartier Vauban de Fribourg est un projet écologique modèle, dont aime se vanter la « green-city ». De toutes les villes du Bade-Wurtemberg, Fribourg a la croissance démographique la plus haute et si l'on considère l'âge moyen de ses habitants, c'est aussi la ville la plus jeune à l'échelle nationale. Sa proximité avec l'Alsace en France, la Suisse, et les sommets de la Forêt-Noire vous offrent de nombreux lieux d'excursion attrayants et des loisirs des plus variés.

▷ Die pulsierende Universitätsstadt bietet immer wieder Momente der Entschleunigung.
The vibrant University city provides frequent opportunities to slow down for a while.
La dynamique ville universitaire offre suffisamment d'occasions pour se poser et se reposer.

Der Münsterplatz

Minster Square / La place de la cathédrale

◁ Das Historische Kaufhaus mit seinen Arkaden und den mit Wappen geschmückten Erkern wurde 1520–1539 als Sitz der städtischen Finanz- und Marktverwaltung erbaut und mit den Statuen habsburgischer Herrscher geschmückt, so auch mit jener von Kaiser Maximilian I., der 1498 mit 6000 Personen den wichtigen Freiburger Reichstag abhielt.

The Historical Store, with its arcades and oriel windows decorated with coats of arms, was built in 1520-1539 as the seat of the city's financial and market administration and ornamented with statues of the Austrian rulers including Emperor Maximilian I, who convened the 6,000-strong Freiburg Imperial Diet in 1498.

Le grand magasin empreint d'histoire avec ses arcades et ses encorbellements ornés d'armoiries fut entre 1520 et 1539 le siège de la finance et la gestion du marché de la ville. Il est rehaussé de statues de souverains autrichiens, entre autres aussi de celle de l'Empereur Maximilien Ier, qui en 1498 tint la séance de l'illustre Reichstag de Fribourg avec 6.000 autres personnes.

Gebäude im rechten Maß

The Golden Mean of Architecture

Un bâtiment aux dimensions parfaites

◁ ▷ **Das Freiburger Münster** ist im Goldenen Schnitt erbaut und das verwendete Baumaß spiegelt den 48. Breitengrad wider, der durch Freiburg verläuft, und hat so auch einen kosmischen Bezug. Der von Erwin von Steinbach entworfene Turm ist genauso hoch wie das Münster von diesem zum Chor lang ist. Alle dargestellten Figuren haben symbolischen Gehalt.

Freiburg Minster is designed according to the "golden ratio;" the dimensions used also take on a cosmic significance in association with the 48th latitude, which runs through Freiburg. The height of the tower, designed by Erwin von Steinbach, is exactly equal to the length of the minster from the tower to the chancel. All figures depicted have symbolic significance.

La cathédrale de Fribourg est construite d'après la section dorée (sectio aurea). Les dimensions utilisées ont une relation cosmique de par leur corrélation avec le 48e degré de latitude, qui passe au travers de Fribourg. La tour esquissée par Erwin von Steinbach a la même hauteur que la longueur du chœur de la cathédrale. Tous les personnages représentés ont une valeur symbolique.

ERNEUERT 1972
UM 1500

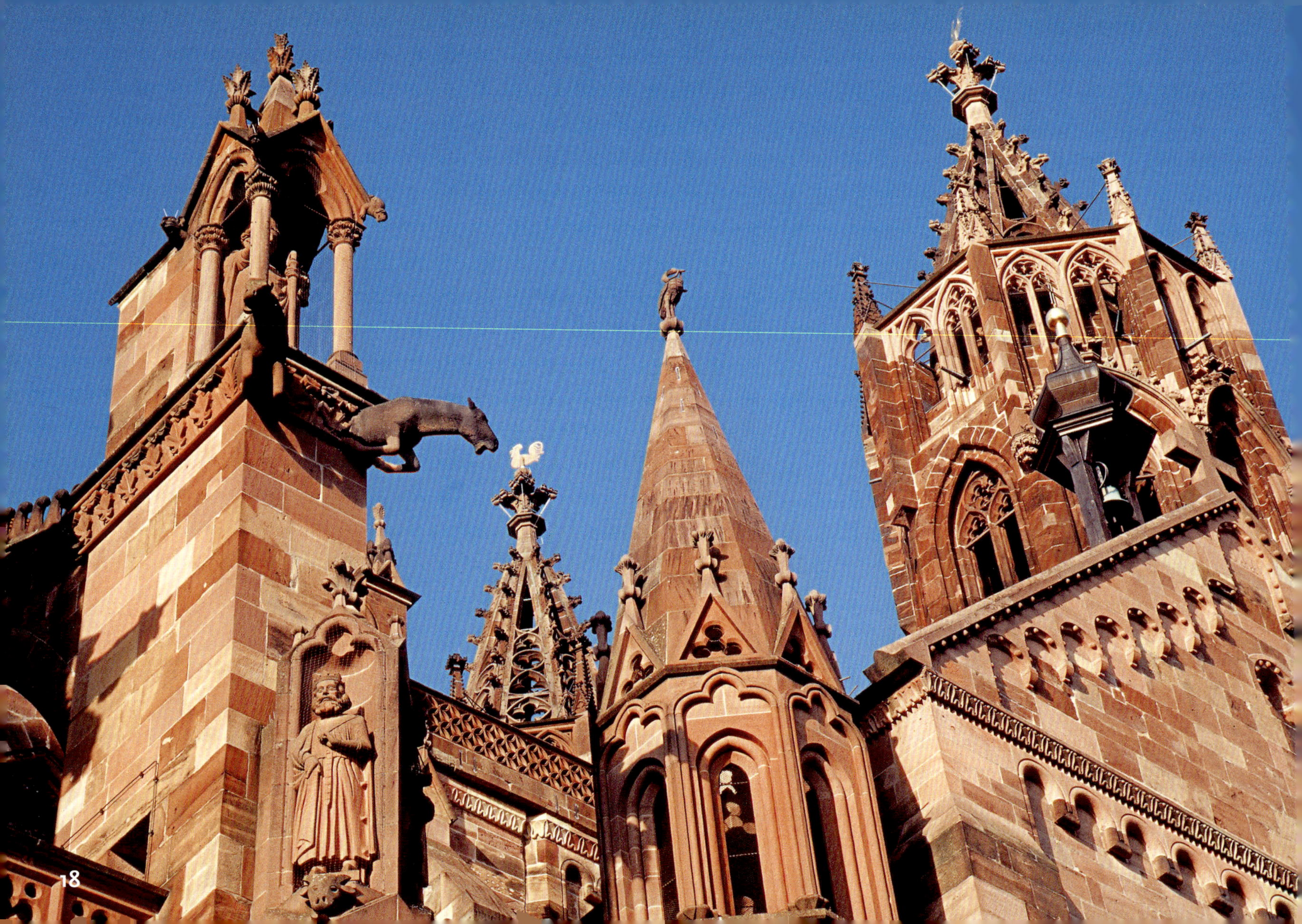

Wasserspeier

Gargoyles / Les gargouilles

◁ ▷ VON DEN ACHTSEITIGEN HAHNENTÜRMEN, die so heißen, da ein Hahn ihre Spitze ziert, läuft das Wasser bis in die wunderlich gestalteten Wasserspeier. Mit nacktem Hintern, mit ihren dämonischen Fratzen und Grimassen in allerlei fantastischen Tier- und Menschengestalten sollen sie das Böse und Dämonische vom Münster fernhalten.

From the octagonal "Cockerel Towers," named after the rooster which crowns their spire, rainwater runs through the bizarrely carved waterspouts and gargoyles. This parade of fantasy animal and human figures with naked rears, grotesque demonic faces and dreadful grimaces was designed to protect the Minster from all evil and demonic powers.

De l'eau s'écoule du haut de tours octogonales, appelées « Hahnentürme » en raison du coq qui orne son sommet, pour aller se jeter dans des gargouilles aux formes étranges. Les postérieurs nus, les visages hideux et les grimaces diaboliques de toutes ces créatures animales et humaines fantastiques sont censés éloigner de la cathédrale le mal et le démoniaque.

Täglich Freiburger Münstermarkt

Freiburg's Daily Minster Market

Le marché journalier de la cathédrale de Fribourg

◁ Der Freiburger Münstermarkt findet täglich statt und bietet Gelegenheit zum Einkauf sowie zum gemütlichen »Schwätzle«.

At the daily Minster Market, Freiburg's citizens have the chance to shop and catch up on news.

Le marché journalier de la cathédrale de Fribourg vous offre la possibilité de faire vos achats et de discuter en toute tranquillité.

▷ Süd- und Nordseite des Münstermarkts bieten ein Einkaufserlebnis regionaler Produkte. Auf der Nordseite findet man die tagesfrischen Produkte der direkt vermarktenden Landwirte und die Stände mit Freiburgs »Roter«.

The south and north sides of the Minster Market offer differing selections of regional products. Stands on the north side are occupied by local farmers who sell directly to the public – and by vendors of Freiburg's red sausage.

Les parties sud et nord du marché de la cathédrale vous donnent deux approches distinctes de l'achat de produits régionaux – au nord on trouve des produits frais du jour provenant d'agriculteurs pratiquant la vente directe et les étals avec la célétore « Rote » (une longue saucisse grilleé) de Fribourg.

Blick vom Münster

View from the Minster / Vue de la cathédrale

◁ **Der Schlossbergturm** wurde 2002 auf dem »Salzbüchsle« erbaut, einem Teil der Festungsanlagen, die der französische Festungsbaumeister Sébastien Le Prestre de Vauban errichten ließ.

Schlossberg Tower was built in 2002 on the "Salt Pot," part of the fortifications constructed by French military engineer Vauban.

La tour du Schlossberg a été érigée en 2002 sur le « Salzbüchsle », une partie de l'ensemble fortifié, que l'architecte français et génie de la fortification militaire, Vauban fit construire.

▷ **Durch das Schwabentor** führt die »Salzstraße«, eine ehemals wichtige Handelsstraße nach Osten. Der Drachen tötende heilige Georg ist als Schutzpatron der Stadt auf dem Tor abgebildet.

Schwabentor gate is a point on the "salt road," once an important trade route to the east. The gate depicts the city's patron saint, St George the dragon-slayer.

La « Salzstraße » (la route du sel) passe par la Porte de Souabe, route commerciale de grande importance autrefois allant vers l'est. Le patron de la ville, Saint-Georges y est représenté tuant un dragon.

Harmonie von Klang und Licht
Harmony of Sound and Light
Harmonie de sons et de lumières

◁ Das Innere des Münsters entfaltet durch sein Langhaus mit den zwölf Mittelschiffpfeilern und einer Höhe von 27 Metern das Bild eines harmonischen Ganzen.

The interior of the Minster presents an image of a harmonious entity, with its nave flanked by twelve nave piers and roof soaring to a height of 27 meters.

L'intérieur de la cathédrale produit l'effet d'un ensemble harmonieux par la longueur de sa bâtisse avec ses 12 piliers soutenant la nef centrale et par la hauteur de ses 27 mètres.

▷ Die Glasfenster tragen mit ihrer Farbenpracht zu diesem Eindruck bei. Licht- und Klangsymbolik flossen bei der Gestaltung durch die Künstler mittelalterlicher Bauhütten in das Münster ein.

The stained-glass windows contribute their glorious colors to the overall impression. The artists of the medieval guilds who designed the Minster made plentiful use of light and acoustic symbolism.

L'éclat coloré des vitraux souligne cette impression. La symbolique de la lumière et des sons se retrouve dans toute la cathédrale à travers les travaux réalisés par les artistes ayant habité dans les baraques accolées à la cathédrale au Moyen-Âge.

Der Übergang in eine andere Welt

Doorway to Another World

Le passage dans un autre monde

◁ **Die fünf klugen Jungfrauen** stehen auf der Nordseite der Vorhalle, ihnen gegenüber die fünf törichten Jungfrauen, die ihre Lampen nicht mit Öl gefüllt hatten und sie deshalb verkehrt herum tragen.

The Five Wise Virgins stand at the north side of the vestibule, facing the Five Foolish Virgins, who neglected to fill their lamps with oil and are thus carrying them inverted.

Les cinq vierges sages se tiennent sur le côté nord de la nef – en face d'elles, les cinq vierges folles qui n'avaient pas mis d'huile dans leurs lampes, les tiennent pour cette même raison à l'envers.

▷ **Die Portalhalle des Münsters** zeigt dem Besucher in drei Bögen die biblische Geschichte vom Paradies bis zum Jüngsten Gericht.

The vestibule of the Minster unfurls Biblical events from Paradise to the Day of Judgement in three arched tympana.

Le visiteur découvre sur les trois arches du porche monumental de la cathédrale l'histoire de la Bible relatant l'histoire du Paradis jusqu'au Jugement dernier.

Ordinariat im Jugendstil

Art Nouveau for the Archbishop

L'ordinariat sous l'influence de l'Art nouveau

◁ Der Jugendstil hat auch in Freiburg seine Spuren hinterlassen. 1903 begann Raimund Jeblinger mit dem Bau des Erzbischöflichen Ordinariats. Dessen Treppenhaus reicht über alle Geschosse und ist mit farbenfrohen byzantinischen und romanischen Stilelementen reich verziert. Anfangs einläufig, teilt es sich und führt als Doppeltreppe bis in das dritte Geschoss.

The Art Nouveau movement also left its mark on Freiburg. In 1903 Raimund Jeblinger began the construction of the Archbishop's Palace; its staircase extends to all floors and is richly ornamented with colorful Byzantine and Romanesque elements. Initially a single flight, it divides and continues to the third floor as an imperial staircase.

L'Art nouveau a aussi laissé ses traces à Fribourg. En 1903, Raimund Jeblinger débuta la construction de l'ordinariat archiépiscopal. La cage d'escalier relie tous les étages entre eux, elle est richement décorée d'éléments aux couleurs vives de style byzantin et roman. Sa base unique au départ se divise ensuite et mène tel un double escalier jusqu'au troisième étage.

Wo die Bächle fließen

Where the Waters Flow

Fribourg et ses ruisseaut

◁ **Die Bächle** sind ein Wahrzeichen Freiburgs. Das Wasser wird in einem unterirdischen Kanal aus der Dreisam geleitet und fließt auf 15 Kilometern Länge durch die Innenstadt.

"Bächle," or "brooks," are a characteristic feature of Freiburg – the water is channeled from the River Dreisam into a subterranean canal and flows through the city center for 15 km.

Les « Bächle », des petits cours d'eau qui traversent Fribourg sont devenus un emblème de la ville – l'eau, qui est dirigée par une canalisation souterraine se jette dans la Dreisam et s'écoule sur une distance de 15 km à travers le centre-ville.

▷ **Musik liegt in der Luft:** Straßenmusiker und zahlreiche Studenten der Musikhochschule nutzen die Innenstadt zu künstlerischen Darbietungen.

Music in the air: Buskers and students from the Conservatory use the city center for artistic performances.

Il y a de la musique dans l'air: Des musiciens de rue et de nombreux étudiants de la faculté de musique utilisent le centre-ville comme coulisse de leurs représentations artistiques.

Kornhaus
THE
DUBLINER
Centre Culturel Français Freiburg

Die Nordseite des Münsterplatzes

Minster Square - North Side

Le côté nord de la place de la cathédrale

◁ **Der Fischbrunnen** wurde 1483 erbaut und 1616 um die Figuren ergänzt. Früher stand er auf dem Fischmarkt und trägt daher seinen Namen.

The "Fish Fountain" was built in 1483 and its figures added in 1616. Its name comes from its former location at the fish market.

La Fontaine aux poissons construite en 1483, fut ornée de statues en 1616, elle se tenait autrefois sur la place du poisson et porte ce nom pour cette raison.

▷ **Das Kornhaus** stammt aus dem Jahr 1498 und diente als Städtisches Tanz- und Kornhaus sowie ab 1770 als erstes Theater in Freiburg. 1944 zerstört, wurde es erst 1970 wieder aufgebaut.

The Granary, built in 1498, was the city granary and also its dance hall: from 1770 it was Freiburg's first theater. Destroyed in 1944, it was rebuilt in 1970.

Le hangar à grain date de 1498 et il servait de salle de danse et de silo pour la commune, dès 1770 il prit la fonction de théâtre, le premier à Fribourg. Détruit en 1944, il n'a été reconstruit qu'en 1970.

Stadt der Türme

City of Spires / La ville aux tours

◁ **Am Schwabentor abgebildet:** Der Sage nach wollte ein reicher schwäbischer Bauer die Stadt Freiburg kaufen, das aber vereitelte seine kluge Frau.

Depicted on Schwabentor: The legend goes that a rich Swabian farmer wanted to buy the city of Freiburg but was foiled by his clever wife.

Reproduction sur la Porte de Souabe : une légende raconte qu'un riche fermier souabe aurait voulu acheter la ville de Fribourg, projet que sa judicieuse épouse fit échouer.

▷ **Neben dem Schwabentor** im Vordergrund recken sich das Martinstor und der Turm der Universität in den Freiburger Himmel und bilden ein optisches Gegengewicht zum Münsterturm.

Next to Schwabentor gate in the foreground, Martinstor Gate and the University Tower extend into the sky, a visual counterpart to the Minster's spire.

Au premier plan à côté de la Porte de Souabe, la Porte de Saint-Martin et la tour de l'Université s'élèvent dans le ciel de Fribourg et forment un contraste visuel avec la tour de la cathédrale.

Winter in Freiburg

Winter in Freiburg / Hiver à Fribourg

◁ **Winterliche Stimmung in Freiburg.** Es ist gar nicht so selten, dass sich Freiburg in einen winterlichen Zauber hüllt. Denn nur wenige Kilometer entfernt liegt die mit 1498 Metern höchste Erhebung des Schwarzwalds, der Feldberg. Zu dessen Füßen gründeten 1891 Wintersportbegeisterte in Todtnau den ersten deutschen Skiklub.

Winter moods in Freiburg. Freiburg is often veiled in winter enchantment. After all, Feldberg, the highest mountain in the Black Forest at a height of 1498 meters, is not far away. In 1891, winter sports fans founded Germany's first ski club at its foot in Todtnau.

Ambiance hivernale à Fribourg. Il n'est pas rare que Fribourg s'auréole d'une magie hivernale. Car non loin de là, à quelques kilomètres, la plus haute montagne de la Forêt-Noire, le Feldberg, s'élève à 1498 mètres. C'est à ses pieds, que les amateurs de sports d'hiver fondèrent en 1891 à Todtnau le premier club de ski allemand.

Über die Schwabentorbrücke nach Günterstal

Over Schwabentor Bridge to Günterstal
Passer le pont de la Porte de Souabe pour rejoindre Günterstal

◁ ZAHLREICHE BRÜCKEN, wie hier die Schwabentorbrücke, führen über die Dreisam. Der Name dieses Flusses ist keltischen Ursprungs und bedeutet »die schnell Fließende«.

A host of bridges, like the Schwabentorbrücke shown here, span the River Dreisam – a Celtic name meaning "rapidly flowing".

De nombreux ponts, comme ici le pont de la Porte de Souabe, passent au-dessus de la Dreisam, dont le nom d'origine celte signifie « le flux rapide ».

▷ DAS BENEDIKTINERINNENKLOSTER ST. LIOBA, das 1927 in Günterstal gegründet wurde, mutet wie eine Villa in der Toskana an. In seinem Gästehaus kann man einen Aufenthalt zur inneren Einkehr verbringen.

The Benedictine monastery of St. Lioba, founded in Günterstal in 1927, is reminiscent of a Tuscan villa. A guesthouse offers retreat facilities for visitors.

L'abbaye des soeurs bénédictines de St Lioba, qui fut fondée en 1927 à Günterstal, a tous les traits d'une villa de Toscane. On peut séjourner dans l'hôtel pour s'y recueillir et méditer.

Klosterladen

Sonnenuntergang über der Stadt

Sunset Over the City

Coucher de soleil sur la ville

◁ **Der Münsterturm** streckt sich 116 Meter in den Himmel. 46 Meter misst allein der aus Sandstein gefertigte, filigran durchbrochene Turmhelm.

The minster tower extends 116 meters into the sky. Its sandstone spire alone, with filigree openwork tracery, has a height of 46 meters.

La tour de la cathédrale du haut de ses 116 mètres s'élève vers le ciel. La pointe de la flèche pyramidale de la tour réalisée en grès, mesure à elle seule 46 mètres.

▷ **Der Schlossberg** ist zwar nur 456 Meter hoch, bietet aber einen wunderbaren Blick über die Stadt. Vom Kanonenplatz aus wurden das Dreisamtal und Freiburg über Jahrhunderte hinweg überwacht.

Although Schlossberg is a mere 456 meters high, it offers beautiful views over Freiburg. For centuries Kanonenplatz was a lookout point over the Dreisam valley and the city.

Le Schlossberg n'a certes qu'une altitude de 456 mètres, il offre cependant une vue panoramique fantastique sur la ville. Depuis des siècles on peut surveiller de la place aux canons la vallée de la Dreisam et Fribourg.

Der Blick von oben

View From Above / Vue d'en haut

Einheimische und Besucher sind in Freiburg schnell im Grünen. Ein Spaziergang zu St. Valentin, zu St. Barbara, zu St. Ottilien führt fast in den Himmel oder unweigerlich in ein Ausflugslokal unter Schatten spendenden Kastanienbäumen, so wie hier in den Biergarten des historischen Greiffenegg-Schlössles.

Nature is never far away for Freiburg's locals and visitors – a walk to St. Valentin, St. Barbara or St. Ottilien almost ends in heaven, or unavoidably in a country tavern under shady chestnut trees, like the beer garden shown here at historical Greiffenegg-Schlössle.

Les habitants et les visiteurs de Fribourg ont vite fait de retrouver la verdure – une promenade à St Valentin, Ste Barbara, Ste Ottilien vous mène presque au ciel ou vous conduit inéluctablement jusqu'à un restaurant touristique à l'ombre de châtaigniers, mais aussi dans les jardins de la bière du vieux Greiffenegg-Schlössle.

So sanft ist die Dreisam nicht immer

The Dreisam – not always peaceful

La Dreisam n'est pas toujours aussi tranquille

◁ ▷ RUHIG PLÄTSCHERT DIE DREISAM mitten durch Freiburg. Besonders zur Zeit der Schneeschmelze im Frühjahr kann der Fluss jedoch erhebliche Mengen an Wasser mit sich führen. Im März 1896 hatte die Dreisam so viel Gewalt, dass sie etliche Brücken mit sich riss. Mit schmiedeeisernem Geländer im Zeichen des Jugendstils wurde der Luisensteg errichtet.

The Dreisam ripples tranquilly through Freiburg. At times, particularly in the spring thaw, it swells considerably. In March 1896 the Dreisam was powerful enough to sweep away several bridges. Luisensteg was constructed in the Art Nouveau style with wrought-iron railings.

La Dreisam s'écoule en toute tranquillité au centre même de Fribourg. Précisément au moment du dégel, au printemps, il arrive que la rivière se gonfle de quantités considérables d'eau. En mars 1896, le débit de la Dreisam avait atteint une telle force que de nombreux ponts ont été emportés sur son passage. La balustrade du ponton de Louise (Luisensteg) fut aussi construite en fer forgé, témoignant de l'influence de l'Art nouveau.

Stadt der Lebensfreude

City of Savoir-Vivre / La ville du savoir-vivre

◁ EINGEBETTET IN DIE WEINREGIONEN des Kaiserstuhls, des Breisgaus und des Markgräflerlands trinkt das Freiburger »Bobbele« gern ein badisches Viertel Gutedel, Grau- oder Spätburgunder in geselliger Runde. In den Biergärten der Brauereien mundet der frisch gezapfte Gerstensaft, und in manche bringt man sein Vesper selbst mit.

Nestled in the wine-growing regions of Kaiserstuhl, Breisgau and Markgräflerland, Freiburg offers its natives or "Bobbele" plentiful opportunities to enjoy a glass of Gutedel, Pinot Grigio or Pinot Noir in good company. Beer straight from the keg tastes fine in the brewery beer gardens; many visitors bring their own picnics.

Encastré au sein des régions viticoles du Kaiserstuhl, de Brisgau et des terres des margraves, les habitants de Fribourg aime à boire en agréable compagnie un quart de vin de Gutedel (chasselas), de Grauburgunder (Pinot gris), de Spätburgunder (Pinot Noir). Dans les jardins de la bière des brasseries, on apprécie la bière fraîchement servie et certains apportent même leurs casse-croûtes, le « Vesper », avec eux.

Gassen entlang der Kanäle – Fischerau und Gerberau

Canals – Fischerau and Gerberau

Les canaux – Firscherau et Gerberau

◁ **In der Schneckenvorstadt** siedelten sich seit dem 14. Jahrhundert Handwerker an, die, wie die Gerber, zur Ausübung ihres Berufs Wasser benötigten.

From the 14th century, Schneckenvorstadt was the home of craftsmen and tradesmen such as tanners who needed water to ply their trades.

Les artisans, pour lesquels l'eau était indispensable à l'exercice de leur métier, tels que les tanneurs, s'établirent dès le 14e siècle dans les quartiers de la banlieue.

▷ **Die Fischerau** bietet südländisches Flair. Und nach einem Kaffee locken das nahe Augustinermuseum mit oberrheinischer Kunst oder das Museum für Neue Kunst.

Fischerau offers Mediterranean flair and a chance for a coffee break before a visit to the nearby Augustinermuseum or Modern Art Museum.

Le Fischerau offre une ambiance méridionale. Après avoir dégusté un café, vous ne pourrez résister au proche Musée des Augustins consacré à l'art régional du haut Rhin ou au Musée d'Art nouveau.

CA

Der Adelhauser Platz

Minster Square / La place d'Adelshausen

◁ **Der Adelhauser Platz** ist ein ruhiges Refugium der alten Vorstadt Adelhausen. Er war Kirchplatz des dort von 1687 bis 1694 erbauten Klosters. In der Klosterkirche der Dominikanerinnen ist ein prächtiger Hochaltar von 1702 mit der Verkündigung Marias zu bewundern. Draußen plätschert der Gänsemännchenbrunnen in Erinnerung an verflossene Zeiten.

Adelhauserplatz is a peaceful refuge in the old quarter of Adelhausen. It was the church square of the nunnery, built there from 1687 to 1694. The Dominican church contains a magnificent high altar from 1702 depicting the Annunciation, while the Gooseherd Fountain splashes outside, a memory of times long gone.

La place d'Adelhausen est un paisible refuge au sein du vieux faubourg d'Adelhausen. C'était la place de l'église du couvent, qui se tenait à cet endroit de 1687 à 1694. Dans l'église du couvent des Dominicaines, on peut contempler un splendide maître-autel datant de 1702 représentant la proclamation à Marie – On entend le clapotis de la « Gänsemännchenbrunnen » (fontaine des oies mâles) au dehors, souvenir de temps passés.

Das Haus zum Walfisch

Haus zum Walfisch / La « Haus zum Walfisch »

◁ **Das Haus zum Walfisch** ließ sich Jakob Villinger, Großschatzmeister des Kaisers, 1516 erbauen. Seit 1909 gehört es der Sparkasse.

The Haus zum Walfisch (Whale House) was built by Jakob Villinger, the Emperor's Lord Treasurer, in 1516. It has belonged to the Sparkasse bank since 1909.

La « Haus zum Walfisch » (maison de la baleine) fut édifiée en 1516 sur l'ordre de Jakob Villinger, le grand trésorier de l'empereur. Depuis 1909, elle appartient à la caisse d'épargne.

▷ **Erasmus von Rotterdam** nahm während der protestantischen Wirren in Basel hier Quartier. Der Erker ist mit dem Freiburger Stadtwappen und dem berühmten Wasserspeier in Form einer nackten Greisin mit Kropf gestaltet.

Erasmus of Rotterdam stayed here during the Protestant uprisings in Basel. The oriel is decorated with Freiburg's coat of arms and a famous gargoyle depicting a naked old woman with a goitre.

Erasmus de Rotterdam s'installa à Bale lors des troubles protestants. L'encorbellement est orné de l'armoirie de la ville de Fribourg et supporte la célèbre gargouille d'une vieillarde dénudée ayant un goitre.

Umweltschutz auf zwei Rädern und Gleisen

Two-Wheeled, Two-Railed Eco-Friendliness

La protection de l'environnement à l'aide du deux-roues et des rails

◁ FAHRRAD UND STRASSENBAHN heißen die beiden Garanten der Freiburger Verkehrspolitik, und das nicht nur in der Innenstadt.

Bikes and trams are the two pillars of Freiburg's transportation policy – not only in the city center.

Le vélo et le tramway sont les deux garants de la politique des transports de Fribourg, et cela pas seulement dans le centre-ville.

▷ DAS MARTINSTOR, um 1210 erbaut, war Teil der mittelalterlichen Befestigungsanlage und eines der vier Stadttore mit einem Turm. Beim Umbau 1901 wurde der Turm auf 60 Meter erhöht.

Martinstor gate was built in 1210. Part of the medieval fortifications, it was one of the four city gates with a tower, which tripled in height to 60 meters during renovations in 1901.

La Porte de Saint-Martin, édifiée aux alentours de 1210, était partie intégrante de la forteresse médiévale et était l'une des quatre portes de la ville disposant d'une tour. Lors des travaux de restauration réalisés en 1901, la hauteur de la tour fut triplée pour passer à 60 mètres.

McDonald's
citibank

Preisgekrönte Konviktstraße

Award-Winning Konviktstrasse

La Konviktstraße, une rue récompensée

◁ **Das Erzbischöfliche Konvikt** mit der Konviktskirche gab der Konviktstraße ihren Namen. Sie gilt als ein gelungenes Beispiel der Altstadtsanierung. Alte und neue Bausubstanz ergänzen sich hier hervorragend.

The Theological Seminary ("Konvikt") with its church gave its name to Konviktstrasse, a successful city restoration project where old and new buildings complement each other superbly.

Le collège archiépiscopal et l'église collégiale ont donné leur nom à la Konviktstraße, la rue du collège ou du petit séminaire. Elle est considérée comme un exemple réussi de la restauration de la vieille ville, où les vieux et les nouveaux bâtiments se complètent remarquablement bien.

▷ **Da Freiburg** zu den sonnenreichsten Orten Deutschlands gehört, breiten Geschäfte gern ihre Waren im Freien aus.

In Freiburg, one of Germany's sunniest places, retailers often spread their wares out in the sunshine.

Comme Fribourg fait partie des lieux les plus ensoleillés d'Allemagne, les magasins aiment étaler leurs marchandises en plein air.

Arbeit und Muße

Work and Leisure / Le travail et le repos

◁ **Homer und Aristoteles** sitzen vor der fast 600 Jahre alten Universität und empfangen 20 000 Studierende aus aller Welt zum Studium.

Homer and Aristotle sit before the university, almost 600 years old, and welcome 20,000 students from all over the world.

Assis devant l'ancienne Université qui date de presque 600 ans, Homère et Aristote accueillent 20.000 étudiants venus du monde entier pour y faire leurs études.

▷ **Zahlreiche Lokale,** gemütlich und traditionsreich, wie das Deutsche Haus schaffen dann mit badischen Speizialitäten die notwendige Muße und den wohlverdienten Ausgleich.

Plentiful cozy traditional inns such as Deutsches Haus serve Baden's regional specialties, encouraging essential leisure and a well-earned break.

De nombreux restaurants chaleureux et traditionnels, tels que la Maison Allemande, créent avec leurs spécialités régionales du pays de Bade une ambiance détendue, recherchée par tous et offrent un repos compensatoire bien mérité.

Deutschen Haus
38

Im Rathaus wird entschieden

City Hall, Home of Decisions

Les décisions sont prises à la mairie

◁ **Der Giebel des Alten Rathauses** ist verziert mit dem österreichischen Doppeladler und gekrönt vom vergoldeten Glockenträger.

The gable of the Old City Hall is decorated with the Austrian double eagle and crowned with a gilded bell frame.

Les pignons de l'ancien Hôtel de ville sont ornés d'un aigle autrichien à deux têtes et sont couronnés d'un support de cloche doré.

▷ **Das Neue Rathaus** wurde nach einem Umbau 1901 eingerichtet. Gegenüber auf seinem Denkmal steht Berthold Schwarz, der Erfinder des Schießpulvers, und erhofft sich »zündende« Ideen aus den Gemäuern.

The New City Hall was opened after renovations in 1901. Opposite stands a monument to Berthold Schwarz, inventor of gunpowder, shown hoping for a "spark" of inspiration.

Le nouvel Hôtel de ville fut aménagé après des travaux de restauration en 1901. Berthold Schwarz, l'inventeur de la poudre à canon, se tient debout sur son monument et il espère que les murailles d'en face lui livreront quelques idées « explosives ».

Feste und Festivals

Feasts and Festivals / Fêtes et festivals

◁ Im Innenhof des Neuen Rathauses finden alljährlich die Rathaushofspiele des Wallgraben-Theaters statt.

The courtyard of the New City Hall is home to an annual theater festival by Wallgraben-Theater.

Les jeux de cour de la mairie organisés par le théâtre de Wallgraben ont lieu tous les ans dans la cour du nouvel Hôtel de ville.

▷ Der kulturelle Freiburger Veranstaltungsreigen reicht vom »grenzenlos-festival«, dem »Internationalen Zelt-Musikfestival«, bis zur »Kunst in der Oberen Altstadt«. Für Künstler aller Art hat der Augustinerplatz immer geöffnet!

Freiburg's cultural events range from pop and rock at "grenzenlos-festival" and "Internationales Zelt-Musik-festival" to arts festivals in the old quarter. Augustiner-platz is always open to artists of all kinds!

Le registre des manifestations culturelles de Fribourg est large et s'étend du « festival sans frontière » en passant par le « festival international de musique sous tente » pour finir par « l'art de la vieille ville haute ». La place St Augustin est ouverte aux artistes en tout genre !

Standesgemäß wohnen

Stylish Living

Se loger en conformité avec son rang

◁ Gräfin Maria de Colombi erwarb den einstigen Festungshügel inmitten eines Parks und ließ sich 1861 die Villa erbauen, die als »Colombischlössle« auch von 1947 bis 1952 Dienstsitz des badischen Staatspräsidenten Leo Wohleb war.

Countess Maria de Colombi bought the former fortified hill amid park grounds and built a villa there in 1861. Known as "Colombischlössle," it was the official seat of Leo Wohleb, President of Baden, from 1947 to 1952.

La Comtesse Maria de Colombi fit l'acquisition d'une ancienne ruine fortifiée située sur une colline au milieu d'un parc et y fit construire en 1861 une villa, appelé « Colombischlössle » qui servit entre 1947 et 1952 de logement officiel pour le président du pays de Bade.

▷ Die Ausstellungsräume des Archäologischen Museums sind seit 1983 über das weite Treppenhaus zu erreichen.

The broad staircase has led to the exhibitions of the Archeological Museum since 1983.

Depuis 1983 cette large cage d'escalier donne accès aux salles d'exposition du musée d'archéologie.

CAFE

Großstädtischer Verkehrsknotenpunkt
Major Traffic Hub
Des nœuds routiers dignes d'une métropole

◁ DIE FREIBURGER BAHNHOFSACHSE wurde in den 1990er Jahren unter erheblichen Protesten der Bevölkerung durch den Neubau des Bahnhofs und des Konzerthauses modern umgestaltet. Hinter den Gleisen liegen das ehemalige Fabrikviertel und der Stadtteil Stühlinger mit der Herz-Jesu-Kirche, die 1897 mit ihren zwei Türmen dem Münsterturm Paroli bieten sollte.

Freiburg's rail axis was modernized in the 1990s to protests by the population. The station and concert hall were rebuilt. Behind the tracks are the former factory quarter and the district of Stühlinger with twin-spired church, designed in 1897 to rival the Minster tower.

Le carrefour de la gare de Fribourg a été considérablement modernisé dans les années 90 avec la construction d'un nouveau bâtiment de gare et d'une nouvelle salle de concert, projet qui a soulevé de tumultueuses protestations au sein de la population. L'ancien quartier des usines et le quartier Stühlinger avec son église du cœur Jésus, qui avec ses deux tours datant de 1897 devait faire concurrence à la tour de la cathédrale, sont situés derrière les voies ferrées.

Blaue Stunde zwischen Konzerthaus und Stühlinger

Blue Hour between the Concert Hall and Stühlinger
Ambiance crépusculaire entre la salle de concert et Stühlinger

◁ **Die Blaue Brücke** führt über die Bahngleise. Die Eisenfachwerkbrücke hieß bei ihrer Einweihung 1886 Wilhelmsbrücke, jetzt nach der Partnerstadt in Nicaragua Wiwili-Brücke. An lauen Sommerabenden wird auf ihr Tango getanzt!

When the Blue Bridge over the railway tracks was opened in 1886, the intricate mass of ironwork was officially named Wilhelmsbrücke; now it bears the name of Freiburg's twin city in Nicaragua, Wiwili. Tango is danced here on summer evenings!

Le pont bleu passe au-dessus des voies ferrées. Lors de son inauguration en 1886, ce pont treillis en acier s'appelait le Wilhelmsbrücke (le pont de Guillaume); depuis le jumelage de la ville avec le Nicaragua, il a été rebaptisé et porte maintenant le nom de « pont Wiwili ». On y danse même le tango par de douces soirées chaudes !

▷ **Das futuristische Konzerthaus** des Architekten Dietrich Bangert bietet seit 1996 auch großen Kongressen Platz.

The futuristic Concert Hall by architect Dietrich Bangert has been used for large-scale congresses since 1996.

Les grands congrès ont leur place depuis 1996 dans la salle de concert futuriste de l'architecte Dietrich Bangert.

Naturnahe Stadtgrenzen

Close to nature City Borders

Les frontières naturelles de la ville

◁ »Nizza des Schwarzwalds« nannte man die im Stil des Historismus und Jugendstils erbauten Stadtteile Herdern und Wiehre, die dem aufstrebenden Bürgertum ein Wohnen im Grünen möglich machten.

"The Nice of the Black Forest" described Herdern and Wiehre, districts built in classicist and Art Nouveau style as garden-style residential areas for the aspiring bourgeoisie.

Les quartiers de Herdern et de Wiehre, qualifiés aussi de « Nice de la Forêt-Noire », furent construits dans les styles de l'historicisme et de l'Art nouveau et permirent à la nouvelle bourgeoisie de vivre au vert.

▷ Erker und Balkone, verzierte Türmchen und dekorative Giebel prägen das Gesicht der Straßenzüge, die um die Wende vom 19. zum 20. Jahrhundert entstanden.

Oriels and balconies, ornamental turrets and decorative gables dominate these fin-de-siècle streets.

Les encorbellements et les balcons, les tourelles et les pignons décorés sont caractéristiques des rues construites au tournant du siècle.

Blicke von oben: Kirchlicher Orden und göttlicher Weinberg

Views From Above: Religious Orders and Divine Vineyards / Vue panoramique : des ordres religieux et des vignobles divins

◁ **Am steilen Freiburger Schlossberg** schließen die Reben an die Aussichtsterrasse an. Freiburg ist so gesehen nicht nur flächenmäßig Deutschlands Weinhauptstadt.

On the steep slopes of Freiburg's Schlossberg hill, the vineyards adjoin the viewing terrace. Freiburg is Germany's wine capital in terms of more than mere area.

Les vignes côtoient les terrasses panoramiques sur les versants abruptes des coteaux du Schlossberg de Fribourg. Fribourg n'est pas seulement la capitale du vin allemand pour sa superficie.

▷ **Der Bettelorden der Augustiner** errichtete entlang der Salzstraße im frühen 14. Jahrhundert ein Kloster und eine Kirche. Die Gebäude beherbergen seit 1923 das Augustinermuseum.

The mendicant order of Augustinians built a monastery and church along the Salt Road in the early 14th century. The Augustinian Museum has occupied the building since 1923.

L'ordre mendiant des Augustins a fondé un monastère et une église le long de la route du sel au début du 14e siècle. Les bâtiments hébergent le Musée des Augustins depuis 1923.

Feste feiern: Seenachtsfest und Freiburger Mess‘

Celebrations: Lakeside Festivals and Fairgrounds!

Célébration de fêtes : la fête nocturne du lac et la foire de Fribourg

◁ DER SEEPARK der Landesgartenschau 1986 ist mit seinem Spielplatz und der Ökostation ein idealer Ausflugsort für die ganze Familie – auch beim Seenachtsfest mit großem Feuerwerk.

"Seepark" and lake, built for the state Garden Festival in 1986, is an ideal excursion for the whole family, home to a playground and Ökostation eco-center – and a lakeside festival with firework display.

Le Seepark (parc du lac) de l'exposition florale et horticole de 1986 offre avec son terrain de jeux et la station écologique un lieu d'excursion idéal pour toute la famille – entre autres aussi lors du grand feu d'artifice de la fête nocturne du lac.

▷ FRÜHJAHRSMESS‘ UND HERBSTMESS‘ – die Freiburger feiern zwei Mal im Jahr. Seit dem Jahr 2000 dreht sich das Riesenrad auf dem neuen Messegelände.

Spring and fall – Freiburgers celebrate their "Mess" or carnival twice a year. The Big Wheel has been part of celebrations at the new exhibition ground since 2000.

La foire du printemps et la foire d'automne – les habitants de Fribourg font la fête à deux reprises dans l'année. La grande roue est en service depuis l'an 2000 sur le nouveau parc d'exposition.

Jupiter
gebrannte Mandeln
Liebesäpfel
Eingang
ESSO

Die Sonne scheint immer: SolarRegion Freiburg

The Sun Always Shines: Freiburg Solar City

Le soleil ne cesse de briller : Fribourg, la région du soleil

◁ DAS NULL-EMISSIONSGEBÄUDE der Solarfabrik, die ausschließlich mit regenerativer Energie arbeitet, ist neben dem »Heliotrop« und dem »Sonnenschiff« des Solararchitekten Rolf Disch zum Symbol der Solar-City Freiburg geworden.

The zero-emission building of Solarfabrik operates solely on regenerative energy. With the "Heliotrop" and "Sonnenschiff" by solar architect Rolf Disch, it has become the symbol of Freiburg as a solar city.

Situé à proximité de l'« héliotrope » et du « bateau solaire » de l'architecte en énergie solaire Rolf Disch, l'immeuble à zéro émission, qui ne travaille qu'exclusivement avec des énergies régénératrices est devenu le symbole de la Solar-City Fribourg.

▷ DER SC FREIBURG ist der etwas andere Fußballverein. Sein Stadiondach ist bestückt mit Sonnenkollektoren.

SC Freiburg is a soccer club with a difference - the stadium roof is covered with solar panels.

Le SC Fribourg est une association de football bien à part - le toit de son stade est équipé de panneaux photovoltaïques.

badenova
TANNENZÄPFLE
Rothaus
JAKO
SUZUKI
HEFE WEIZEN
Fahrzeugvertrieb
baden-auto
DIGITALDRUCK-XXL
SUZUKI AUTOMOBILE
PEUGEOT
Reisebüro Winterhalter
Der neue Suzuki SWIFT
DURAVIT Leben im Bad
JAKO JAKO
ODDSET
IKA
TV Südbaden

Reicher Obstgarten Breisgau

Breisgau, Orchard Paradise

Brisgau, un verger abondant

▷ MIT ÜPPIGER KIRSCHBAUMBLÜTE beginnt das Frühjahr ziemlich früh in den Tallagen. Das Blütenweiß im Tal findet dabei oft noch im Schneeweiß auf den Schwarzwaldgipfeln eine farbliche Entsprechung. Eine reiche Obsternte erfreut nicht nur die badischen Schnapsbrenner, sondern auch die Liebhaber von Wässern und Bränden.

Clouds of cherry blossoms signal the early onset of spring in the valleys, their white blooms often echoing the snow on the Black Forest hilltops. Lavish fruit harvests are the delight of Baden's schnapps distillers and their connoisseur customers.

Dans les vallées, le printemps arrive de bonne heure accompagné d'une multitude de fleurs de cerisier. Le blanc immaculé de la vallée rappelle celui de la neige des sommets de la Forêt-Noire. Une récolte abondante de fruits ne fait pas seulement la joie des distillateurs du pays de Bade, mais aussi celle des amateurs d'eaux de vie.

Weinberge, wie der Mensch sie schuf

Man-Made Vineyards

Les vignobles, tels que l'homme les a façonnés

◁ VOR ALLEM IM KAISERSTUHL hat man die beschwerlichen Steillagen in den Weinbergen großflächig terrassiert, um den Winzern das Arbeiten zu erleichtern. Die durch Erbschaften immer kleiner gewordenen Parzellen wurden dabei durch Rebumlegungen zusammengefasst. Der Kaiserstuhl ist bekannt wegen seiner Sortenvielfalt der Burgunderweine.

Kaiserstuhl clearly shows how the steep vineyards have been extensively terraced to simplify access for the vintners. Small plots that had shrunk further through inheritance were consolidated and replanted. The Kaiserstuhl region is noted for its variety of burgundies.

C'est avant tout sur le Kaiserstuhl que les versants abruptes des vignobles ont été terrassés, afin de faciliter l'évolution et le travail des vignerons sur une grande superficie. Le rétrécissement des parcelles à chaque succession a entraîné leur regroupement lors des restructurations du vignoble. Le Kaiserstuhl est connu pour sa grande variété de vins de Bourgogne.

Goldene badische Weinlandschaften

Baden's Golden Wine Country

Les paysages viticoles dorés du pays de Bade

◁ DER KAISERSTUHL ist ein kleines Vulkangebirge, das sich in der Oberrheinischen Tiefebene mit idyllischen Winzerorten und gepflegten Rebanlagen erhebt.

Kaiserstuhl is a small range of volcanic mountains in the Upper Rhine plains, dotted with idyllic wine-growing villages and neat vineyards.

Le Kaiserstuhl est une petite montagne volcanique qui s'étend sur la basse plaine du Haut Rhin avec des villages de vignerons idylliques et des parcs vignobles soignés.

▷ ÜBER DER STADT STAUFEN erhebt sich die Burgruine, deren Burgherr Anton von Staufen 1539 Doktor Faustus holte, um Gold herzustellen.

Staufen is overshadowed by the castle ruins; in 1539 its lord, Anton von Staufen, commissioned the alchemist Doctor Faustus to produce gold.

La ruine du château surplombe la ville de Staufen, son seigneur Anton von Staufen alla chercher le Docteur Faustus en 1539 pour fabriquer de l'or.

Winterliches Panorama

Winter Panorama / Panorama hivernal

◁ **Beim Erschliessen neuer Baugebiete** wurden Straßen und Wege immer entlang der Höhenlinie geführt, um Spaziergängern eine herrliche Aussicht zu bieten. Durch die direkte Einbettung in die Natur hat Freiburg das ganze Jahr über ein abwechslungsreiches Gesicht vom Dreisamtal bis hinauf zu den Schwarzwaldhöhen.

In newly built districts, streets and paths were planned along topographical contour lines to preserve the view. Surrounded by countryside, Freiburg's face changes with the seasons from the Dreisam valley to the Black Forest mountains.

On s'est efforcé lors de l'aménagement de nouvelles zones d'urbanisation de faire correspondre le tracé des routes et des chemins à celui des courbes de niveau, afin d'offrir un splendide panorama aux promeneurs. Entourée de toutes parts par la nature, Fribourg offre des paysages changeant toute l'année, entre la vallée de la Dreisam et les sommets de la Forêt-Noire.

Der Schauinsland – Freiburgs Hausberg

Schauinsland – Freiburg‘s Mountain

Le Schauinsland, la montagne du pays de Fribourg

◁ **Mit der Schauinslandbahn**, einer Kabinen-Umlauf-Seilbahn, kann man gemütlich bis zur Bergstation des 1284 Meter hohen Schauinsland fahren und bei guter Sicht die Vogesen im Westen und die Alpen im Süden bewundern.

Schauinsland Railway, a gondola lift, is an easy ascent to the mountain station on the 1284-meter peak of Schauinsland, with views of the Vosges Mountains to the west and the Alps to the east when skies are clear.

La Schauinslandbahn, un téléphérique à cabine, permet d'accéder confortablement à la station amont du Schauinsland, située à 1284 mètres d'altitude aù l‘on peút d'admirer par temps dégagé les Vosges à l'ouest et les Alpes au sud.

▷ **»Wetterbuchen«** nennt man die vom Westwind gezeichneten Bäume auf dem Schauinsland.

"Weather beeches" is the name given to the trees on Schauinsland, bent by the strong west winds.

On appelle « Wetterbuchen » (les hêtres de la tempête), les arbres fortement frappés par le vent d'ouest situés sur la montagne du Schauinsland.

Schwarzwaldberge – sanfte Riesen

Black Forest Mountains – Gentle Giants

Les montagnes de la Forêt-Noire – des géants aux pentes douces

◁ Die Schwarzwaldberge und ihre Täler wurden von geologischen Einbrüchen und Erhebungen bestimmt, die sich über Millionen von Jahren hinzogen. Die Gletscher der Eiszeit gaben der Landschaft dann den letzten Schliff und formten sie zu einer Region mit hervorragenden Freizeitaktivitäten wie Wandern, Radfahren und Skilaufen.

The Black Forest and its valleys were formed over millions of years by geological upheavals and finally sculpted by the Ice Age glaciers, which created a region ideal for leisure activities including hiking, cycling and skiing.

Les montagnes de la Forêt-Noire et ses vallées sont le résultat d'irruptions et de soulèvements géologiques qui se sont produits sur des millions d'années – les glaciers de la période glaciaire ont fini de façonner le paysage, le transformant en une région géographique offrant de remarquables opportunités de loisirs, comme la marche, le vélo et le ski.

Freiburg wächst

Growing Freiburg / Fribourg s'étend

▷ »Es gibt nur zwei Sorten von Menschen«, sagt man nicht ohne Stolz in Freiburg, »solche, die in Freiburg wohnen und solche, die in Freiburg wohnen möchten«. Die Stadt kann sich städtebaulich aber nur nach Westen ausdehnen. Im Rieselfeld wurde in den letzten Jahren ein neuer Stadtteil bebaut.

"There are only two kinds of people," say the Freiburgers with pride, "those who live in Freiburg – and those who would like to." But the city can only expand to the west. A new district was built at Rieselfeld in recent years.

« Il n'y a que deux sortes de personnes », c'est ce qu'on affirme avec fierté à Fribourg, – « ceux qui habitent à Fribourg et ceux qui voudraient habiter à Fribourg ». L'expansion de l'urbanisme de la ville n'est toutefois possible que vers l'ouest. Un nouveau quartier s'est construit au cours des dernières années à Rieselfeld.

Lebenswerte Stadt

Liveable City

Une ville qui vaut la peine d'y vivre

▷ IN FREIBURG FÜHLT MAN SICH FREI und hat ein breit gefächertes Angebot zur Verfügung: Badischer Wein und badische Spezialitäten erfreuen den Gourmet, Theater, Museen, Galerien, Programmkinos, reiche Geschichte den kulturell Interessierten, Freizeitmöglichkeiten den Sportlichen; interessante Geschäfte und Märkte locken zum Shoppen.

Freiburg truly has an atmosphere of freedom, with a broad range of features for every taste. Baden wine and regional specialties delight gourmets, while theaters, museums, galleries, cinemas and a rich store of history attract culture mavens; active leisure pursuits encourage sports fans, while fascinating stores and markets are a treasure trove for shopping-lovers.

On se sent libre à Fribourg, une offre très variée y est proposée. Le vin du pays de Bade et ses spécialités culinaires font le bonheur des gourmets; les théâtres, les musées, les galeries, les cinémas d'art et d'essai, son passé riche d'histoire, les passionnés de culture; les offres de loisirs ouvertes aux sportifs; les magasins et les marchés alléchants vous incitent à faire du shopping.

Impressum

Der Fotograf: Clemens Emmler, geboren 1963, arbeitet als selbstständiger Fotograf und Reisejournalist in Simonswald bei Freiburg im Schwarzwald. Seit 1990 veröffentlichte er seine Bilder in zahlreichen Bildbänden, Kalendern, Reiseführern sowie Reise- und Fachmagazinen. Er ist Mitglied der renommierten Bildagentur laif in Köln.

Der Autor: Hubert Matt-Willmatt lebt in Freiburg und ist als selbständiger Journalist im Pressebüro mwk tätig. Er schreibt für verschiedene Medien zu Reisethemen, zur Geschichte und Literatur der badisch-elsässischen Region, sowie zu Kultur und Genussthemen. www.pressebuero-mwk.de

Produktmanagement: Joachim Hellmuth, Susanne Kuhl
Graphische Gestaltung: Mike Joerihsen, Sturmzeit Grafikstudio, Wolfurt
Englische Übersetzung: Alison Moffat, München
Französische Übersetzung: Sandra Brandstetter, Bernau am Chiemsee
Kartografie: Thomas Vogelmann, Mannheim
Herstellung: Bettina Schippel
Repro: Medienfabrik, Stuttgart
Printed in Slovenia by Korotan, Ljubljana

Alle Angaben dieses Bandes wurden vom Autor sorgfältig recherchiert und vom Verlag auf Stimmigkeit und Aktualität geprüft.
Allerdings kann keine Haftung für die Richtigkeit der Informationen übernommen werden. Für Hinweise und Anregungen sind wir dankbar.
Zuschriften an den:
Bruckmann Verlag,
Produktmanagement,
Postfach 400209,
D-80702 München
E-Mail: lektorat@bruckmann.de

Bildnachweis:
Alle Abbildungen des Umschlags und des Innenteils stammen vom Fotografen, außer: AKG-Images GmbH, Berlin: Karte Vorsatz; Bildagentur Huber, Garmisch-Partenkirchen: Umschlagvorderseite, Seite 84/85; Gerhard Launer/WFL-GmbH, Rottendorf: Seite 80/81, 88/89, 90/91;

Einbandfotos :
Vorderseite: Blick über Freiburg auf das Schwabentor
Rückseite: Blick auf den Münstermarkt (gr.), die Uhr am Münster (kl.o.), studentische Ruhe (kl.u.)

Die Deutsche Nationalbibliothek verzeichnet diese Publikation in der deutschen Nationalbibliografie; detaillierte bibliografische Daten sind im Internet über http://dnb-nb.de abrufbar.

ISBN 978-3-7654-5425-7

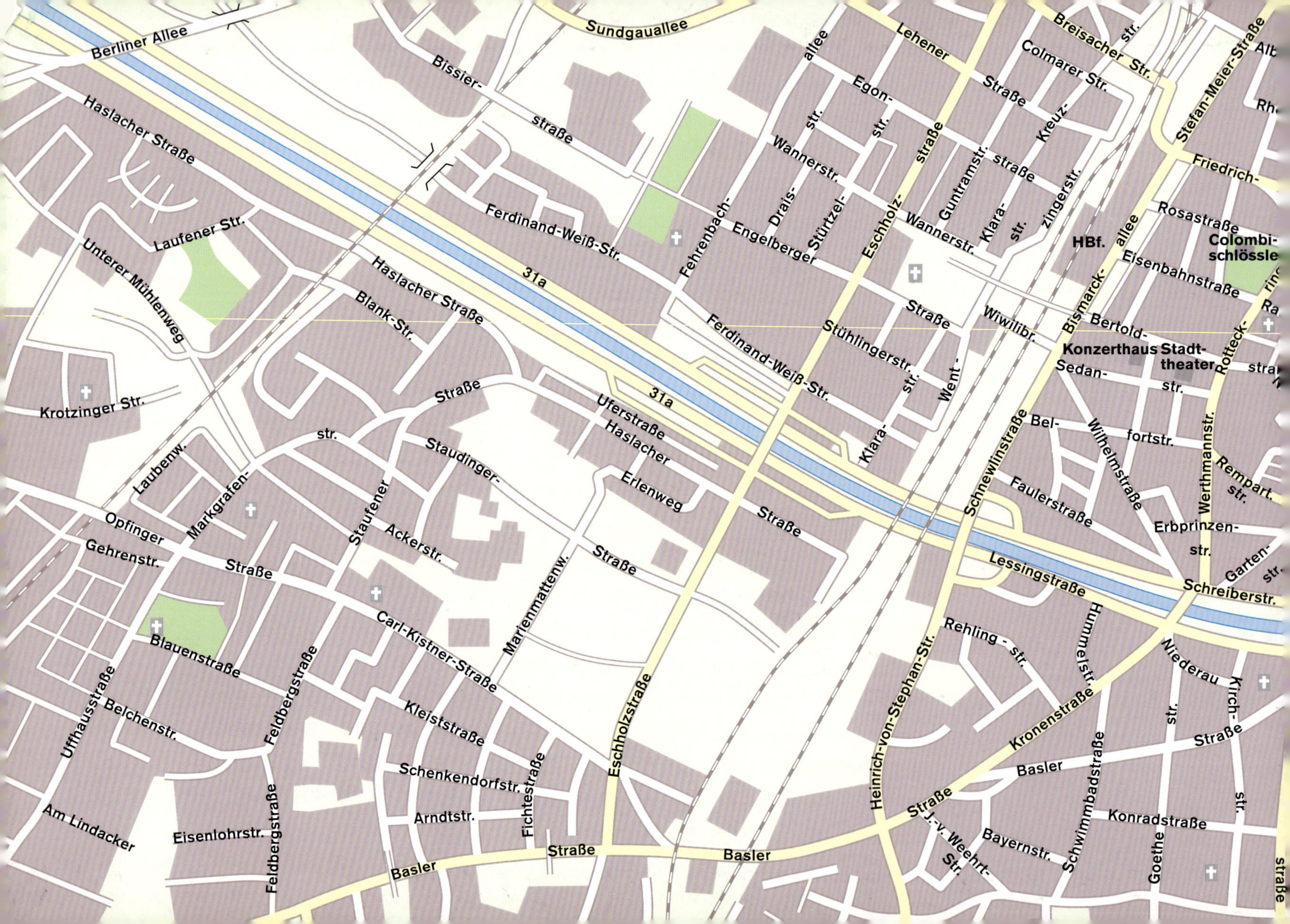

Berliner Allee
Sundgauallee
Lehener Straße
Breisacher Str.
str.
Colmarer Str.
Stefan-Meier-Straße
Alb
Rh
Bissier-straße
Haslacher Straße
allee
Egon-str.
str.
Wannerstr.
Eschholz-straße
Guntramstr.
Kreuz-straße
Klara-str.
zingerstr.
Friedrich-
Drais-
Stürtzel-
Fehrenbach-
Engelberger
Wannerstr.
Ferdinand-Weiß-Str.
Rosastraße
HBf.
Bismarck-allee
Colombi-schlössle
Eisenbahnstraße
Laufener Str.
Unterer Mühlenweg
31a
Haslacher Straße
Blank-Str.
Straße
Stühlingerstr.
Wiwilibr.
Bertold-
Konzerthaus
Stadt-theater
Rotteck-ring
Ra
Ferdinand-Weiß-Str.
Sedan-str.
str.
Went-
Krotzinger Str.
Straße
31a
Uferstraße
Haslacher Straße
Klara-
Schnewlinstraße
Bel-fortstr.
Wilhelmstraße
Werthmannstr.
Rempart.str.
str.
Staudinger-Straße
Laubenw.
Markgrafen-
Staufener
Erlenweg
Faulerstraße
Erbprinzen-str.
Opfinger Straße
Gehrenstr.
Ackerstr.
Straße
Lessingstraße
Garten-str.
Schreiberstr.
Marienmattenw.
Carl-Kistner-Straße
Blauenstraße
Feldbergstraße
Rehling-str.
Hummelstr.
Niederau
Kirch-str.
Uffhausstraße
Belchenstr.
Kleiststraße
Kronenstraße
Eschholzstraße
Heinrich-von-Stephan-Str.
Basler Straße
Schenkendorfstr.
Fichtestraße
Schwimmbadstraße
Goethe str.
Konradstraße
Am Lindacker
Eisenlohrstr.
Feldbergstraße
Arndtstr.
Bayernstr.
J.-v.-Weehrt-Str.
Basler Straße
Basler Straße
straße